HIALEAH
SOCIAL TRAP

Yoshvani Medina

Hialeah Social Trap

ArtSpoken Editions

Foto del autor: Asela Torres

Imagen de portada: Alfredo Armas

© Yoshvani Medina, 2018

© Sobre la presente edición

ArtSpoken Editions, 2018

Todos los derechos reservados.

ISBN-13: 978-1725140660

ISBN-10: 1725140667

Impreso en los Estados Unidos de América.

Lista de personajes

LOLA: Pianista, cantante, bailarina, recién llegada a Miami, soltera. 35 años.

TINA: Cantante, bailarina, lleva diez años en Miami, anda en un affaire con Malanga. 35 años.

MALANGA: Chulo cubano, lleva 25 años en Miami, productor en un gogó de Hialeah. 45 años.

ENFERMERA: Enfermera de profesión, cantante de vocación. Desesperada por actuar.

NELSON: Manager de Entertainment de un casino en Miami. Programador de shows. Fisiculturista.

PRIMER ACTO

Sala a oscuras, se oye el repicar de unas claves cubanas. Entra Tina seguida de Lola.

LOLA:

¿Tina, aquí no hay luz?

¿Aquí no hay gente?

¿Emborrachaste el avestruz con aguardiente?

TINA:

Lola, tumba la poesía.

Asume tu personaje.

Estás en Hialeah, lo que vale es el voltaje.

LOLA:

¿Aquí no hay luz? ¿Aquí no hay gente?

TINA:

Estás en Hialeah lo que vale es el ambiente.

Tina lleva al público a hacer un coro que dice "Estás en Hialeah lo que vale es el ambiente".

LOLA:

Tremendo *cubaneo* que me agrede de repente.

TINA:

Echa pa' acá mulato, que ya yo estoy caliente.

LOLA:

Amiga, tremenda mancha en tu expediente.

TINA:

Yo soy el arrebato y tú eres una mente.

Coro: "Estás en Hialeah lo que vale es el ambiente".

Transición musical.

Escena hablada.

LOLA:

¡Al fin llegué a la Yuma! La gente puede decir lo que quiera de Miami, pero esto es lo que más se parece a la felicidad.

TINA:

Pareces una pinareña que llegó a la capital y cree que todos los edificios son como el Capitolio.

LOLA:

No hay lugar perfecto, Tina. Pero en Miami al menos estás con tu gente, no hay frío ni hambre, y si tienes salud puedes *pinchar* aunque sea por la izquierda.

TINA:

Cuidado con esa palabrita aquí en Miami, si consigues una *pincha* por la izquierda, que no sea latinoamericana.

LOLA:

(Sin hacerle caso a la broma de Tina.) Vine a trabajar en lo que sea, lo mismo en la música que en la construcción.

TINA:

En la música aquí es duro, pero en la construcción parece que habrá bastante trabajo.

LOLA:

(Contenta).

Esa es mi buena estrella.

TINA:

El presidente tiene un proyecto grande, financiado por los mexicanos.

LOLA:

¿Y se puede trabajar ahí sin papeles?

TINA:

Justamente, el proyecto es para los sin papeles.

LOLA:

Tú me conoces, Tina, yo lo mismo doy pico y pala que pongo ladrillos.

TINA:

Pensándolo bien, esos ladrillos estarán muy pesados, y sobre todo muy altos. Olvídate de eso.

LOLA:

Hay que *pinchar* en la música, algo serio, bien pagado, es importante trabajar en lo de uno.

Entra música.

Tema: "Escasa de reales".

LOLA:

Amiga,

he llegado escasa de reales

más lenta que una hormiga,

Más atrás que los cordales.

TINA:

Yo sé lo que es eso, hermana,

Yo sé lo que estar más *pasmá* que una caguama,

cuando lleva hirviendo dos horas en la flama.

A esto le dicen la Yuma, pero los de aquí sabemos que es la llama.

Transición musical.

LOLA:

(Sobre la música).

Ahora que estamos juntas otra vez, volveremos a hacer el dúo, compondremos canciones bellas, sacaremos un disco y ganaremos un Grammy.

Transición musical.

Entra tema "Hermana".

TINA:

Hermana, tienes que ubicarte en tiempo y espacio

Quizás se acabó el hambre, pero empieza el ocaso

Aquí la poesía se hizo putería

Sincroniza las caderas con tu pelo lacio

No cantes despacio

Apúrate si quieres cambiar el *efficency* por un palacio

Elije si te ayudo o si te desgracio

Este libro no tiene prefacio, quizás un prepucio

Pero puede ser una trampa del ciberespacio.

Transición musical.

Escena hablada.

LOLA:

Entonces el sexo es un problema en Miami.

TINA:

Bueno, ahí sí tengo que alumbrarte, porque tú en Cuba sabías mucho solfeo, pero solo se te conocieron dos novios: Tony el Mudo y Chicho el Gago.

LOLA:

Es que yo quería llegar virgen al altar.

TINA:

¿Altar?

LOLA:

Al tartamudo.

TINA:

¿Y el tartamudo no se casó contigo?

LOLA:

Sí, pero la noche de la luna de miel, cuando me vio desnuda, se le viró la lengua.

TINA:

Niña, ¿pero tú la tienes jorobada? ¿O dónde estaba tratando de metértela?

LOLA:

Se le viró de la emoción, él padecía de PAE.

TINA:

¿PAE? ¿Pajero Ambulante y Estrafalario?

LOLA:

¡No!

TINA:

¿Pendejo Aspirante a Estrella?

LOLA:

¡No! ¡Presión Arterial Emotiva!

TINA:

¿Y se murió de eso?

LOLA:

Tina, yo he tenido muy mala suerte en mi vida.

TINA:

La suerte siempre cambia en Miami, mi vida. A unos para bien, y a otros para...

LOLA:

¿Para qué?

TINA:

Para mejor.

LOLA:

Mira que en Cuba yo no podía estar peor.

TINA:

Siempre se puede estar peor, hermana. Que les pregunten a los venezolanos.

LOLA:

¿Entonces crees que pueda encontrar trabajo en lo mío?

TINA:

En la música sí. En el reggaetón.

LOLA:

¿En la música o en el reggaetón?

TINA:

Oye, el reggaetón es lo que da el billete. Aquí nadie oye jazz ni le para bola a la poesía.

Transición musical.

Entra tema "Hermana mía".

LOLA:

Hermana mía, ¿cómo renunciar a lo que creo?

Te miro y no te veo

Estoy huyéndole a lo falso, a las ganas sin deseo.

No me cierres el paseo.

Transición musical.

Entra tema "Tumba la poesía".

TINA:

Aquí vas a hacer Uber,

a menos que te coja UPS,

o consigas una pincha en el correo

Tumba la poesía, que en Hialeah,

lo que vale es reggaetón y *cubaneo*.

LOLA:

¿Y qué diría Martí,

el Benny, Rodríguez Feo?

Coro: "Tumba la poesía, que en Hialeah,

lo que vale es reggaetón y *cubaneo*".

TINA:

Martí y su monte de espuma, ¿y tú qué fumas?

¿Tú no sabes que el Apóstol no soportaba la Yuma?

Coro: "Tumba la poesía, que en Hialeah,

lo que vale es reggaetón y *cubaneo*".

LOLA:

¿Y qué hago con el jazz, con el verso que bombeo?

No quiero hacer evidente que vibro y repiqueteo

No quiero una convulsión, quiero un suave contoneo.

TINA:

Mi hermana, deja el mojón

Esto es chisme, cuchicheo, tumba el mareo

Si sigo tomando tu lager por la pura que me meo

El swing de la cubanía es el *cubaneo*

Tumba la muela, deja ese pe'o,

Conceptos viejos pa' los *homes*, pa' los museos,

Coro: "Tumba la poesía, que en Hialeah,

lo que vale es reggaetón y *cubaneo*".

Fin del número.

Escena hablada.

LOLA:

Yo no estudié música doce años para venir a hacer mierdas.

TINA:

¿Y cuántos años crees que estudió Bad Bunny? Un tipo que se hizo millonario en nueve meses metiendo pingas y cojones en sus canciones.

LOLA:

Pues a mí que me meta eso, pero que no me coja para aquello. Yo no vine de Cuba a hacer mierda, para eso me hubiera quedado allá.

TINA:

Lola, tú no sabes lo que es el hambre ni el frío, yo traté de hacer Arte en París, la ciudad Luz, y no pude hacer ni una canción, ni con malas palabras, el frío me congeló las manos, los labios, no podía hacer nada, el hambre me tenía loca, no tenía dinero ni para hacer una tortilla.

LOLA:

¿Y en París hay que pagar para hacer tortilla?

TINA:

Lola, tú nunca jineteaste, pero tú sabes bien que en todas partes los huevos tienen su precio.

LOLA:

Ahora sí no sé que voy a hacer. Me das miedo con todo lo que me dices, Tina.

TINA:

Esto es duro, Lola. No sabes lo que he tenido que pasar para encontrarle la vuelta al sistema.

LOLA:

Pero te ves bien. No eres la imagen de la mujer sufrida.

TINA:

Yo era la Tina en La Habana, y ahora soy latina en Miami, no es lo mismo, pero suena igual. Creo que tengo la solución.

Entra música.

Tema "La clave del diagrama".

TINA:

Conozco a un productor que tiene la clave del diagrama.

La llave de la habitación, del melodrama, del gramo y de la grama.

Lo mismo te hace una canción que un electrocardiograma.

El tipo le sabe al vicio, la corrupción y el pentagrama.

Lo mismo te la quita en la cocina que te la da en la cama,

Pero tiene los conectos pa' ponernos a pinchar y que te busques la jama,

De pianista, no de mucama.

LOLA:

¿Y dónde está ese tipo, ese arquetipo?

Dile que en tu dúo participo, que el billete necesito.

TINA:

Lola, tú juegas en mi equipo, yo por ti saco ojos y destripo.

He dicho.

Vamo'a ver al susodicho, eso sí,

déjame hablar a mí, tú calladita, sin candanga.

LOLA:

Tú sabes que soy una dama

No soy de chancleta ni de bullaranga

¿Y el tipo cómo se llama?

TINA:

Se llama Malanga.

Salen Tina y Lola.

Entra Malanga.

Tema "Soy Malanga".

MALANGA:

Soy Malanga

MAnuel LANda GArcía para los amigos

Malanga intravenosa para los enemigos

pa'l HP que me arranca el corazón con que vivo

Soy un vampiro, un ácido corrosivo

Porque asere, en Hialeah, tiene el leopardo un abrigo

Si te huyo tú me sigues, si me huyes te persigo, esto no es trigo

Yo tuve más que el leopardo, pero me mataron a mi amigo

los guardias le tiraron a la balsa en que nos fuimos

y ahora soy un lobo solitario, un perdulario

y aunque me duele no gimo

Lo mismo muerdo tus nalgas que te escupo en el ombligo

Yo soy Malanga, soy de Ampanga

Me da lo mismo un tipo en tanga que una jeva en calzoncillos.

Prosigo

No te busques líos conmigo

Yo no te pido las cosas, yo te obligo

Si caes abajo de mí te comprimo, te castigo y te hago mi mendigo

Te levanto un acta, te bajo el pantalón y te investigo

Te fumigo con el humo de mi cigarrillo

Te salgo como un muerto y te destornillo

Te salgo como un diente y te me *encaramillo*

Pepillo, no te hagas el samurai, que cuando te saco el *gun* tú gritas "Ay".

Te vacío los bolsillos, yo no creo en dulce leche ni en membrillo

Yo te opaco, te quito el brillo

A las jevas les enseño los dientes afilándome el colmillo

Que el negocio mío es el tumbe profesional, esto es sencillo.

Te hago creer que el pollo es rojo cuando en realidad es amarillo

Pero yo te lo enrollo, te lo desarrollo

y al final tú solita te me acuestas en el hoyo

ya no sabes si es un hueco o un castillo

Y ni de qué color era el pollo, si rojo o amarillo

te pido que me des la contraseña de tu bollo

yo hablo de tu pan, y tú piensas que te hablo de tu flan

A estas alturas

ya te da lo mismo que esté blanda o que esté dura

tú lo que quieres es dulzura

una malanga real que te controle la locura

que te corrija la postura

te apague la calentura

te haga cumplir el plan de producción de tu cintura.

Yo soy Malanga

soy tu cura

lo mismo te doy la bendición que sepultura

te vacío el peine, te lleno la ranura, te peino la rajadura

Ya a esta hora tú no sabes ni la hora que es

Pero te sientes segura

Porque sabes que mi swing es de envergadura

¡De en verga dura!

A estas alturas del juego, tú te sabes la figura

La forma, la entalladura

Tú sabes que estás en talla, tú sabes que estás dura

Tú necesitas de mí, pa' convertir en Arte tu cultura

Yo necesito de ti, pa' descoserte las costuras

Mulata, dame el *password* de tu cuerpo

Que yo tengo data ilimitada y sin censura.

Sale Malanga.

Transición musical.

Aparecen Tina y Lola.

Entra tema "Ruleta rusa".

LOLA:

Yo dejé mi país, mi caracola

jugué a la ruleta rusa con cinco balas en la pistola.

TINA:

(Toma la guitarra. Continuando la canción de Lola).

Me congelé en París con esta viola,

huyéndole al picadillo de soya.

LOLA:

Yo estaba tan febril y tan confusa…

TINA:

Que te pusiste la trusa

Te imaginaste en la playa

Y dijiste esta papaya

Se vuelve a mojar en la USA

En el frío de París yo me sentía la intrusa, la reclusa

No tenía un *jevito*, no tenía papeles

comía sopa plástica y cocteles

De jureles, con "espineles"

Me dije estás dormida en los laureles

mueve los caracoles

descongela los cascabeles.

LOLA:

Es hora de que vueles

olvídate de La Habana y sus coroneles

sus *fianas*, sus trincheras, sus cuarteles.

TINA:

Yo estaba "horny", mi cuerpo era un tsunami

Un año sin que nadie me dijera "Mami"

Y dije…

LOLA:

¡Me voy pa' Miami!

Transición musical.

Entra tema "Los socios me esperaban en el aeropuerto".

TINA:

Los socios me esperaban en el aeropuerto

fue un homenaje, un acontecimiento.

LOLA:

Me dieron el mejor de los recibimientos:

mi novio, su violín, un ramo de rosas.

TINA:

Y yo buscando entre los socios uno que me la coja

Que me la estruje, que me la muerda

Que me ponga el reloj en hora

Sin que se le acabe la cuerda.

LOLA:

Eso me recuerda

La noche entre sus brazos donde todo concuerda

Su mástil, y mis velas

Su mar, mi arena

su boca y mis labios en mancuerna

Su inflexible derecha y mi cóncava izquierda.

TINA:

No comas mierda

Lo mío era candela, él era mi vampiro, mi sanguijuela

chupándome la salsa de las entretelas

De adentro para afuera

Con insistencia, sin cautela

aquel machazo me llevó a la escuela

Le dije: Papi ¿te doy espuela?

Y se me abrió como la flor de la canela.

Transición musical.

Escena hablada.

LOLA:

La llegada a Miami siempre te pone nerviosa, porque uno llega con muchos prejuicios. Que si Miami es el cementerio de los artistas…

TINA:

Pero cómo les gusta este cementerio a los artistas de Cuba, parece que tienen vocación de sepultureros.

LOLA:

Que si aquí el público no apoya a sus artistas…

TINA:

Te apuesto que si hay un artista que le gusta a la gente, lo siguen, le compran sus canciones en I-Tunes, lo aplauden. *(Gesto para que el público aplauda).*

LOLA:

Que si no puedes salir a la calle porque hay violencia…

TINA:

Hay violencia, sobre todo por la noche en los barrios malos, como en todas partes, y los programas amarillistas no paran de pasarte los videos de "captado en cámara", pero aquí sí tú vas tranquila y por la sombrita no tienes líos.

LOLA:

Que si el *cubaneo* qué hay aquí es insoportable…

TINA:

Tú no me vas a hacer como los *cubiches* que llegan aquí y a los tres días ya se les olvidó que en Cuba lavaban la ropa en una batea, ahora la llevan al *laundry*. Ya no te hacen un mandado, ahora te hacen un *delivery*. Ya no te devuelven la llamada, ahora te llaman *pa'trás*. No jodas. Que cuando los socios te vienen a recibir al aeropuerto te pones contenta cuando te dicen: ¿*Asere*, qué *volá*?

Ríen de buena gana.

TINA:

Tengo cita con Malanga.

LOLA:

¡Ay, sí, Tina! A ver si resolvemos un lugar donde presentarnos.

TINA:

Algo resolveré. Le dije que pasaría a verlo a esta hora.

LOLA:

Pero estás atrasada.

TINA:

Es bueno llegarles tarde a los hombres, así no se creen cosas.

Transición musical.

La barra de un gogó en Hialeah.

Malanga y Tina.

Escena hablada.

MALANGA:

Tina, me tienes como un ciclón a un meteorólogo. Te espero a la una, llegas a las tres, te espero por el este, vienes por el suroeste.

TINA:

Lo importante es que vengo, Malanga. Los ciclones no se miden por la hora que llegan.

MALANGA:

Si no por la hora en que se van.

TINA:

Ni en que se van ni en que se vienen.

MALANGA:

¿Entonces, mi santa?

TINA:

Lo importante de los ciclones es cuánto tiempo se quedan.

MALANGA:

¿Y cuánto tiempo tú te vas a quedar, mi huracán de clase cinco?

TINA:

Cuanto menos, mejor.

MALANGA:

¿No te gustó la última vez? Mira que cogiste por todas partes.

TINA:

Y di también. Por todas partes.

MALANGA:

Lo bueno de Miami es que se habla mucha mierda, pero lo importante se calla, porque todo el mundo tiene lo suyo escondido.

TINA:

No sé de qué tú hablas.

MALANGA:

Yo tampoco. Los caballeros no tenemos memoria.

TINA:

Mi mejor amiga acaba de llegar de Cuba. Estamos ensayando un repertorio de canciones nuevas para hacer un show. Es una gran pianista y cantante.

MALANGA:

¿Está buena?

TINA:

Malanga, para ti todas están buenas, no sabes la diferencia entre una anoréxica y una obesa.

MALANGA:

La obesa besa, y la anoréxica tiene el culo flaco. Tráemela por aquí, y negociamos los tres.

Transición musical.

Entra tema "Temo de Miami".

LOLA:

Temo de Miami

La dura realidad tras la apariencia

La inconsistencia, la bobería, la intrascendencia

De eso hay que hablar

En nuestros teatros, en nuestras canciones

En nuestro Arte, en nuestra Ciencia

Hacer que la gente tome conciencia.

TINA:

Aquí la gente lo que toma es mucha cerveza

Y pocos consejos.

LOLA:

Tenemos que guiarnos por los viejos

Tú crees que están lejos

Pero miran la verdad desde sus catalejos.

TINA:

¿Tú hablas de qué viejo?

¿El que votó en la Asamblea por que suban los impuestos?

¿O el que puso camaritas pa' las multas por video?

LOLA:

¿Si no te gusta Miami por qué no regresas al Infierno?

TINA:

¿Al invierno?

¿Frío y traicionero como un cuerno?

¡Se acabaron los temblores y los catarros!

LOLA:

¿Oí mal, o le llamaste cuernos a los tarros?

TINA:

Estoy siendo penetrada por tu poesía

eso se me quita esta noche en una orgía.

LOLA:

Miami y su filosofía.

Fin del número.

Transición escénica.

Escena hablada.

LOLA:

Espero que no estemos ensayando estos números por gusto. Este show hay que presentarlo en Miami. Sea quien sea la competencia.

TINA:

Esta es mi ciudad, Tina. Después de vivirla tantos años aprendí a quererla, porque la entiendo. Porque sé que todo el mundo está luchando y eso a veces los hace cometer errores.

LOLA:

Ojalá que un día yo llegue a amar a Miami como a mi ciudad.

TINA:

Entrégatele. Regálatele.

LOLA:

Como una puta.

TINA:

Qué fijación tienes con eso. Si tienes alguna fantasía, llegaste a la ciudad ideal para realizarla.

LOLA:

Tina, una fantasía realizada es un sueño de menos.

Entra música.

Sale Lola.

Tema "¿Quién dijo que Miami me disgusta?".

TINA:

¿Quién dijo que Miami me disgusta?

No seas injusta

Tú das con tus palabras, yo golpeo con mi fusta

En Miami cada cual goza con lo que le gusta

Lo mismo la *desbaratá* que la robusta

Ahora, hermana, te lo digo en buena onda

Tú no estás mala, tú estás redonda

Si quieres vender en Miami tienes que enseñar la fonda

Nadie te podrá comprar la mercancía que escondas.

Lola aparece en un vestido más sexy.

TINA:

Así estás mejor, aquí para ir a pedir trabajo hay que ponerse ropa ejecutiva.

LOLA:

¿Y a quién vamos a ejecutar?

TINA:

A Malanga, ese nos puede dar trabajo desde esta noche. Pero hay que convencerlo.

LOLA:

Tina, tú sabes que en el piano me defiendo, pero soy malísima puteando.

TINA:

La suerte mía como cantante es que tú estás en el piano, la tuya como puta es que yo estoy aquí.

Transición musical.

Tina y Lola llegan al gogó de Malanga.

TINA:

¡Hola, Malanga!

¿Cómo tienes hoy el puesto de vianda?

MALANGA:

Que me castiguen los santos

Si ahora mismo en ti no estaba pensando.

TINA:

Espero que hayan sido buenos pensamientos

sin vicios, saterías ni *relambimientos*.

MALANGA:

Bueno, bueno, bueno

Pero tú sabes que los hijos de los *orishas*

a veces nos pasamos con fichas.

TINA:

Hablando de fichas y de mujeronas

Te presento a mi amiga Lola, alias doble siete.

LOLA:

¿Doble siete?

MALANGA:

¡Qué bien recomendado!

TINA:

Es que ella es del Vedado, de 27 y 7.

MALANGA:

¿Por allí por la Casona?

TINA:

Ella tiene trauma con las pizzerías

y se le olvidó La Habana cuando entró por Hialeah.

MALANGA:

A mí me gustan las jevas con traumas en la cabeza

eso a veces se les cura ligando ron con cerveza.

LOLA:

Gracias por su consejo, caballero.

MALANGA:

Mi reina, que no se diga.

LOLA:

Pero las únicas ligas que tolero

Son las grandes ligas.

TINA:

¿Y del trabajo que me dijiste qué?

MALANGA:

Tengo varias plazas disponibles: de fusible

por la noche, donde se juntan Brickell y la Coral Way.

LOLA:

Ay, perdonen mi ignorancia

¿en qué consiste esa labor?

TINA:

En sacarle a los pasantes la fragancia de su flor.

MALANGA:

Con brío, con sentimiento

y si te la tragas tienes un veinte por ciento.

LOLA:

Tengo brío y sentimiento

pero el perfume de flores me produce mal aliento.

MALANGA:

Eso solo se produce cuando el tallo está sanguinolento.

TINA:

Malanga,

No te botes de sabroso

Me dijiste que tenías una pincha pa' nosotros.

MALANGA:

Eso te dije, nosotros

La pincha es pa' mí y pa' ti.

LOLA:

Tina, ¿y esto cómo es?

TINA:

Malanga, afloja, querer,

tú sabes que en Hialeah donde comen dos...

MALANGA:

Cagan tres.

Me prometiste caricias a cambio de ese trabajo

y yo te dije que sí, pensando ya en el relajo

Si ahora se pega tu amiga

yo solo quiero saber adónde se va a poner

¿abajo o arriba?

LOLA:

Ahora no sé qué hacer

¿lloro, doy gritos, me río?

MALANGA:

Mamita, esto es un trío

Haz lo que tengas que hacer.

Sale Malanga.

TINA:

No le hagas caso

Era una *pinchita* de cantante en un gogó.

LOLA:

Perdona que suene tan ignorante

¿qué cosa es un gogó?

TINA:

De sentirme incómoda es mi turno

un gogó es... un centro nocturno.

LOLA:

¿Como qué lugar en La Habana?

TINA:

Es como tro...

LOLA:

¿Como Tropicana?

TINA:

Como la tro...

LOLA:

¿Como la Tropical?

TINA:

Como la tropa'e jineteras que rodea el Nacional.

LOLA:

Entonces un gogó es un antro.

TINA:

Antro…pológicamente hablando, un gogó es una manera…

LOLA:

De bailar en un tubo con las tetas afuera.

TINA:

Digamos que no te equivocas.

LOLA:

Por eso el tal Malanga

con su swing y su pachanga

le estaba poniendo precio a mi boca.

Transición musical.

Tina y Lola en aparté.

Escena hablada.

TINA:

Perdona por hacerte chocar con la realidad de forma tan cruda.

LOLA:

Hermana a mí no me dores la píldora, que yo sé que la leche se corta y el plátano tiene manos.

TINA.

Me da pena contigo, Lola.

LOLA:

Tina, a decir verdad, yo me esperaba cosas peores de Miami. Pero me he dado cuenta de que la mierda huele igual en todas partes, que el hijo de puta es una especie universal, y que lo que tiene que hacer un inmigrante es meter el huevo en el tornillo y echar pa'lante.

Tina comienza a hacer las claves de guaguancó.

Entra tema "El guaguancó del inmigrante".

TINA:

Si decidiste vender todo lo que no entra en tu maleta

Regalar los libros y la bicicleta

El juguete de las noches, las chancletas.

LOLA:

Si tiraste sobre la mesa el carné de tu juventud

Y empezaste a practicar "How are you".

Comment allez-vous?

TINA:

Si tienes ganas de susurrar tu secreto en un altoparlante.

LOLA:

Si empezó a darte coriza la barba del comandante.

TINA:

Mete el huevo en el tornillo, inmigrante.

LOLA:

Si sientes que tu vida vale menos que un sabueso

Lo mismo te matan que te meten preso

Atrás ni pa' hacer contrapeso, echa'palante.

TINA:

Si te hartó ser Sancho Panza

Y quieres ser el Caballero Andante.

LOLA:

Con Rocinante.

TINA:

Mete el huevo en el tornillo, inmigrante

Que la ciudad de uno es aquella donde pone los colgantes

Le guste al sabiondo o le pese al ignorante.

LOLA:

Vístete elegante

siéntete un gigante.

TINA:

En Miami da lo mismo que te guste por atrás que por delante

Te gusten "Los Zafiros" o te gusten los diamantes

Que no se te caiga o que no se levante

Que seas el esposo, que seas el amante.

LOLA:

Que seas oscuro o que seas brillante

Te guste el Azúcar, te guste el picante

Paga tu propina y sigue adelante

Vuélvete invisible si vienen a buscarte.

TINA:

Mete en el huevo en el tornillo

Y baila El Guaguancó del Inmigrante.

Transición musical.

Sale Tina.

Entra tema "Encerrada afuera".

LOLA:

Hay mil ciudades dentro de una sola

Sucias, sublimes, deslucidas, lindas

Tantas maneras de rodear la aureola

De rogarle por las malas que se rinda

La ciudad es tu nido efervescente

Donde esculpes el silencio con tus ruidos

Agente del gentío entre la gente

Le inventas pasadizos a las rutas

Te cuidas con cuidado del descuido

De bajarte el pantalón como una puta

Nadie como tú para saber tus cartas

La apuesta que perdiste en el casino

El rostro que te acecha en la pancarta

La cifra que le ocultas al destino

Nadie como tú para saber que duele

Que pesa esta cadena del orgullo

Sentir que uno es un héroe, actuar como un pelele

Prostituirse por lo que no es suyo

No quiero jaulas de oro ni diamantes

Compromisos que acrediten mi carrera

Soy libre y eso es más que bastante

Pues escapé a vivir encerrada afuera

Transición musical.

Tina entra vestida como una vedette, muy sexy y colorida. Sale Lola.

TINA:

Soy latina, este es mi Miami, erótico, carnal, afrodisiaco

Aquel se opera pa' ponerse tetas, y esta pa' ponerse flaco

Este no sale del closet pa' que no le digan pajarraco

Si quieres te la meto, si quieres te la saco

No seas berraco, macaco

Apaga tu tabaco

¿Tú piensas que esto es un atraco?

Que el punto G del hombre está debajo del sobaco.

Transición musical.

Tina y Lola.

Escena hablada.

          LOLA:

Tina, ¿alguna vez te has tenido que prostituir?

          TINA:

¿En Miami?

          LOLA:

(Insistente).

Tina, ¿alguna vez te has tenido que prostituir?

          TINA:

Nunca me he tenido que prostituir, Lola. Cada vez que lo hice fue porque me dio la gana.

          LOLA:

¿Lo has hecho muchas veces?

          TINA:

Más de diez y menos de cien.

LOLA:

¿Con cuántos hombres?

TINA:

Más de diez y menos de cien.

LOLA:

¿Por cuánto dinero?

TINA:

Más de diez y menos de... Parece que estoy en una entrevista de trabajo.

LOLA:

¿Tina, tú...?

TINA:

¿Yo qué, Lola?

LOLA:

¿Tú has salido con mujeres?

TINA:

En la Escuela siempre andaba contigo, nos decían las hurracas.

LOLA:

Tú sabes bien lo que quiero decir. Tina, ¿tú has hecho tortilla?

TINA:

Lola, yo he hecho tortilla, con muchísimos huevos.

Entra tema: "Vida privada".

TINA:

Tengo la vida privada escrita

En cada poste de la ciudad

Cuánto te digan de mí es mentira

Cuánto te digan de mí es verdad

Que cada vez que hice una locura

la hice pensando en el amor

Cuando fui buena, fui buena

Y cuando mala, mejor.

Tú dices quererme a fondo

como la chispa a la hoguera

Acuérdate que las chispas

se disparan hacia afuera

Acuérdate que soy fuego

Me temen hasta las fieras

Si de verdad tú me quieres

tendrás que asumir mi vela

Así el viento la zozobre

Así la lluvia la hiera

Si te digo que soy tuya

Soy tuya hasta que me muera

Tengo la vida privada escrita

en cada poste de la ciudad

Cuánto te digan de mí es mentira

Cuánto te digan de mí es verdad

Que cada vez que hice una locura

La hice pensando en el amor

Cuando fui buena, fui buena

Y cuando mala mejor

Coro:

Y cuando buena, buena

Y cuando mala, mejor

Abre las piernas, morena

Solo al patrocinador

Y cuando buena, buena

Y cuando mala, mejor

Tenme lista la segueta, clavo y destornillador

Y cuando buena, buena

Y cuando mala, mejor

Amantes del amor

quisiera ser la enredadera

Ay papi, que ya estoy *encuera.*

LOLA:

¡Tina!

TINA:

Ya me mandé, ¡qué horror!

(Sale Lola).

Y cuando buena, buena

Y cuando mala, mejor

Mejor cerramos las piernas

Cero deshollinador.

Entra Lola vestida como una vedette, muy sexy y colorida.

LOLA:

Soy Lola, lo lamento si en tu grupo tú te sientes sola

Si el espejo te recuerda que eres una trola, una banderola

Si hoy no tienes poesía que echarle a tu marido en la cacerola

Si en las noches de ciclón trabajas de farola

Si cambiaste las orquídeas por las Coca Colas

Hace tiempo me cansé de ser una amapola

De que me tomen como champola

Hay versos que hacen más daño que una pistola.

Las dos muchachas van al centro y cantan al mismo tiempo que hacen una coreografía.

TINA:

Ahí, te estás soltando

La sandunga liberando

Que hasta las poetas se alegran cuando les están dando.

LOLA:

Deja los infundios

Estás rimando los gerundios

No intentes rimar nunca *gozadera* y latifundio.

TINA:

¿Qué fue lo que ella dijo?

LOLA:

Lo mejor que tiene el cura es la punta del crucifijo.

TINA:

¿Eso fue un verso o un prefijo?

Esta gente de la cultura habla con tanto escondrijo

Que una a veces se pregunta si tiemplan con regocijo.

LOLA:

Todos se preguntan si el otro es feliz.

TINA:

Y se olvidan de su propia cicatriz.

LOLA:

Cada uno que viva y goce a su manera.

TINA:

Que en Miami lo que vale es la gozadera.

LOLA:

Aquí la gente termina tirando las cosas serias a jodedera.

Coro: "En Miami lo que vale es la gozadera".

TINA:

Fuego, bomberos, que traigan la manguera.

Coro: "En Miami lo que vale es la gozadera".

LOLA:

De todas formas en Miami siempre es verano y primavera.

TINA:

Oye, poeta, deja la muela, esto es pelo suelto y carretera.

Coro: "En Miami lo que vale es la gozadera".

Transición musical.

Escena hablada.

LOLA:

Miami tiene mucha trampa, por eso siempre me dio miedo venir a vivir aquí.

TINA:

Aquí el pensamiento es libre, se puede hacer cualquier cosa mientras estés dentro de la ley.

LOLA:

Cualquier cosa, eso es lo que me da miedo.

TINA:

Si te da miedo es porque lo respetas, si lo respetas es porque te interesa, y si te interesa es porque quieres hacerlo.

LOLA:

Lo único que yo quiero hacer es empezar a trabajar lo antes posible.

TINA:

Eso puede tener su precio.

LOLA:

No me digas que aquí la gente paga por poder trabajar.

TINA:

Muchas veces sí, los choferes pagan su gasolina; las gogoseras pagan su derecho al tubo, y todo el mundo paga sus impuestos, que es nuestro derecho a vivir.

LOLA:

Pagar para vivir.

TINA:

Que siempre es mejor que vivir para pagar. Lo bueno que tiene Miami es que puedes escoger.

LOLA:

No sé si esto terminará por deprimirme.

Entra tema "Medio loca y muy lejos".
Dúo de Tina y Lola.

TINA:

Aquí la brisa es una hebra de cristal

Que hiere mi mejilla y tú no estás

Pa' anestesiarme con tus besos.

LOLA:

Aquí de nada sirve mirar hacia atrás

De sobra sé no hay nadie ni lo habrá

Por eso tanto necesito

Que tú me llames Lluvia

Y me hales por el pelo

Y la gente descubra

Una escena de celos

Que tú me llames lluvia

Y flotes por mi cuerpo

Y en tu cama de bruma se consuma el incendio

Y esta brisa le corte la mejilla a tu sexo

Pa' que sepas lo malo

Pa' que sepas lo bueno

Pa' que sepas que te amo, que te amo

Medio loca y muy lejos.

LOLA:

Allí es otra historia la felicidad

Ni limpia, ni muy cara, ni especial

Hecha de duendes y de flores

TINA:

Allí dejé mi adolescencia y mi bondad

Lo poco que tenía para dar

Por eso tanto necesito

Que tú me llames Lluvia

Y me hales por el pelo

Y la gente descubra

Una escena de celos

Que tú me llames lluvia

Y flotes por mi cuerpo

Y en tu cama de bruma se consuma el incendio

Y esta brisa le corte la mejilla a tu sexo

Pa' que sepas lo malo

Pa' que sepas lo bueno

Pa' que sepas que te amo, que te amo

Medio loca y muy lejos.

Transición musical.

Se ven en la pantalla del fondo muchos mensajes por WhatsApp de Malanga.

"Respóndeme el selular, Tina, plis".

"Tina, prinsesa, me bas a matar del corasón con tu indiferensia"

"Tina, bamo a ablal".

Escena hablada.

Tina y Lola.

TINA:

Malanga me tiene loca con su bombardeo de mensajes.

LOLA:

¿Crees que trabajar en el gogó de Malanga sea la única solución?

TINA:

Podemos hacer UBER.

LOLA:

¿Sin permiso de trabajo? Tengo que pinchar por la izquierda.

TINA:

Tendrás que morder la "derecha".

LOLA:

¡Ay, Tina, yo estoy muy vieja pa' meterme a puta!

TINA:

Pues parece que le gustas a Malanga.

LOLA:

A Malanga lo que le gusta es el vicio y la corrupción.

TINA:

Es un *swinger* profesional.

LOLA:

¿Y eso qué es?

TINA:

Uno que le gusta el intercambio colectivo. Pero tranquila, hermana, que mientras Tina esté viva, usted no se levanta con extraños por la mañana.

Entra música.

Malanga trata de tomar a Tina por un brazo.

Ella lo elude.

TINA:

Ten presente olvidarme

Toma tu costilla

devuélveme mi carne

Tú estás por la guerrilla

Yo estoy por el desarme

Limpiabas piso en la escuadrilla

Cuando ya yo era gendarme

Acaba de soñar tu pesadilla

Llévate lo que quieras darme.

MALANGA:

Tina, me estás matando con tomate

Yo estoy loco de remate

Por tu piel de chocolate

Tú eres mi pase y mi remate

Dame tu pelota, tu mascota

Que yo te doy mi bate

Te lo doy en la gaveta y en el escaparate

En la punta de la crisma, en el gaznate

Quiero darte mucha pinza, mucho alicate

Enchaparte la perilla en oro de dieciocho quilates.

TINA:

Malanga, tu acoso ya no tiene razón

Voy a tener que ponerte una orden de restricción.

MALANGA:

Está bien, Tina

Voy a darle un chance a tu vecina.

TINA:

No es mi vecina.

MALANGA:

A tu prima.

TINA:

Ni mi prima.

MALANGA:

A la loca esa que ha llegado de la Conchinchina

Vayan pa'l gogó mañana y ensayen su rutina.

TINA:

Mañana no podemos, nos vamos a poner divinas

Y a volar como las golondrinas.

MALANGA:

¿Y adónde es que se van?

TINA:

(Tratando de causarle celos).

Hay ciertas direcciones que las damas nunca dan.

MALANGA:

Deja la arrogancia

Estás tirando sobre una ambulancia

Yo contigo no quiero problema ni beligerancia

Dame importancia

Mira que te estoy dando la luz de la abundancia.

TINA:

Tú lo que me estás dando es repugnancia.

Sale Tina, dejándolo con la palabra en la boca, tratando de seducirlo.

MALANGA:

Te espero en mi estancia, en mi comandancia

Pa' que te busques tu ganancia

Tina, párame bola

Que me vas a matar con tu sustancia

Con la dura relevancia de tu cola

Que cuando se mueve parece una ola

Eso es jamón *biki* y queso gorgonzola

No te vayas sola

Que yo tengo pa' tu vaina mi pistola

Pa' tu pescuezo mi estola

Pa' tu *cuora* mi vitrola

Pa' tu garganta mi pianola

Mi juego de luces, mi consola

Pa' tu cintura afroespañola

Mi bomba, mi granada, mi ametralladora

Pa' tu adiós yo siempre tendré mi hola

Y es que a mí, Tina, me da cráneo verte en mi vitrina

Bailando desnuda con Lola.

Transición musical.

Tina y Lola.

LOLA:

¿Qué te ha pasado, mi hermana

que traes cara de bicho?

De agresora, de villana

¿Qué te dijo el susudicho?

TINA:

Él sigue con su capricho

Dice que vayamos mañana.

LOLA:

¿A ensayar? ¡Mañana te toco la diana!

TINA:

Se lo puse en entredicho.

LOLA:

¿Cómo?

TINA:

Lola, esto no es leche en pomo

Que me la dejo o que me la tomo

Ese tipo es un demente,

de mirarte sabe si eres de acero o de plomo

si eres barrendero o mayordomo

Si te tiemblan las rodillas y se te dobla el lomo

Si te deja fría o te pone caliente.

LOLA:

Ese tipo se ha adueñado de tu mente

¿Entonces qué hacemos?

TINA:

Andar al hilo.

LOLA:

Yo no puedo vivir con este sigilo.

TILA:

¿Te preparo un cocimiento de tilo?

O te frío una croqueta

los locos pa'l asilo

¿Tú no ves que ese tipo quiere vernos las tetas?

    LOLA:

No jodas. ¿es proxeneta?

    TINA:

Quiere tener una *templeta*

Contigo y conmigo.

    LOLA:

¿Cómo?

    TINA:

Lola, una no puede entumecerse

Ese tipo echa espumita, pero no es Alka-Seltzer

No es merengue, si te pica te da el dengue

Tampoco es escabeche

No dejes que te aeche

Este tipo se hace el cheche

te descuidas y te llena la cabeza de leche.

    LOLA:

¿Y no se le puede hacer una jugada mantequilla?

¿No se te alumbra la bombilla?

¿Abrir la boca sin que nos vea la campanilla?

Que nos lleve pa' la playa, pero que se quede en la orilla

Que nos mire pa' las ramas, pero que no nos toque la semilla.

TINA:

Lola, ese tipo quiere vernos haciendo tortilla.

LOLA:

Vamos a ensayar mañana

Antes muerta que sencilla.

Transición musical.

Entra cuerpo de baile.

Tina y Lola ensayan una canción en el gogó de Malanga.

LOLA:

Coro:

Otra vez juntas, nunca más solas

Nunca más solas, otra vez juntas.

LOLA:

Por si hay una inquietud, por si hay una pregunta.

TINA:

Pa' aquellos que pensaron que tú y yo éramos difuntas.

Coro:

Nunca más solas, otra vez juntas

Otra vez juntas, nunca más solas.

LOLA:

Yo más nunca monto en guagua, yo más nunca hago una cola.

TINA:

Desencárnate, teniente, que tú a mí no me controlas.

Coro:

Otra vez juntas, nunca más solas

Nunca más solas, otra vez juntas.

LOLA:

Ahora ya estoy declarada, ya no soy una presunta.

TINA:

Compañeras son las nalgas, tú y yo somos una yunta.

Coro:

Nunca más solas, otra vez juntas

Otra vez juntas, nunca más solas.

LOLA:

Oye que tú eres la Tina.

TINA:

Oye, que tú eres la Lola.

Entra Malanga aplaudiendo.

Transición musical.

MALANGA:

¡Bravo, bravo!

Eso merece un Oscar, eso merece un Grammy

La ensalada de moringa se ha vuelto puro salami

¡Bravo, bravo!

Ella no va a hacer más colas, ella se merece un rabo

Si tú quieres te lo empiezo, si tú quieres te lo acabo.

TINA:

Gracias por tu conducta, échala en el lavabo.

LOLA:

Si tú me la deslizas, yo vengo y la desclavo.

MALANGA:

Mami, yo te acabo lo que llevas, mami yo si te la llevo a cabo

Miami sabe que soy una fiera, Miami sabe que soy buen *pirabo*.

LOLA:

Deja el alarde Malanga, deja el alarde, mi hermano

Que en la hacienda de Doña Tina tú siempre fuiste su esclavo.

MALANGA:

No soy el Chavo del 8, yo tiro como ocho chavos

Yo te doy la media vuelta, y de un bum bum te depravo.

TINA:

Esto se ha puesto caliente, esto se va a poner malo

Tú tienes el culo sucio y yo vengo y te lo lavo.

MALANGA:

Mamita no seas corrupta, mamita deja el descaro

Tú sabes que soy de peso, yo no cuento los centavos.

El juego de seducción entre Tina y Malanga es cada vez más flagrante.

LOLA:

Devuelve en la joyería, el *blin blin* y el taparrabo

Y para de pavonearte que tú no eres un pavo.

MALANGA:

La mosquita muerta ya me habló

y muerde como un yugoeslavo

De su rascacielos se tiró

del trigésimo quinto al vigésimo octavo.

TINA:

Malanga tú no puedes con las dos

ignoras los compases de este mambo

Danos una fecha pa´l concierto

y deja de jugar a hacerte el Rambo.

                MALANGA:

Yo no soy Rambo, soy Spiderman

Yo brinco de tu boca pa' la boca'e tu volcán

Te pico como un alacrán

Le empasto los dientes a un caimán

Le mojo la oreja con saliva a un orangután

Y con la misma mano que te doy una nalgada

Te abro el champán

Porque antes era sargento, pero ahora soy capitán

Tengo una perla en el tubo y en la cabeza un imán

Pa' que no te vengas con afán

Acuérdate del refrán

No van lejos las de alante si las vigila el de atrás

Yo quiero tu agua, tu fuego, tu tierra y tu gas

Abre el compás

Que a ti te cabe todo lo del mundo y más

Monta en mi Ferrari de aluminio y *fiberglass*

Quiero darte hasta que se te derritan las bisagras

Que yo pa' pasarles por arriba y por detrás

No necesito Cialis ni Viagra

Ya mandé a hacer el cartel y pagué la promoción

En Radio y Televisión

Twitter, Instagram, Facebook

Eso pa' que ustedes vean que soy un toro cebú

La momia de Don Francisco les va a hacer una *interviú*

En mi gogó están los mejores platos del menú

Porque vendo más cocaína en una noche

que Pantene su champú.

TINA:

Malanga, cállate la boca que me hincho

Eso es *too much information*.

LOLA:

¿Entonces para cuándo es el concierto?

MALANGA:

Oye, ¡cómo boconea Lola!

A mí me tiene muerto

Menos mal que no le paro mucha bola

Pero me tiene con los labios entreabiertos

Ya me estoy imaginando ese par de tetas

prietas al descubierto

Ya tengo listos los cubiertos

Pa' comer frijoles negros soy experto

Yo sé que eso es un plato suculento

No sé si me lo coma rápido

No sé si me lo coma lento.

                LOLA:

Ya este tipo me está llenando la cachimba

Con su mentalismo y su *bugarronamiento*

Ven acá, mi hermano, desafina el instrumento

Las que vamos a tocar somos nosotras en tu establecimiento

Tú no nos vas a tocar, a no ser que sea con tu pensamiento

Dos minutos más y me *empingo*

¿Qué día se va a tocar?

¿Jueves, viernes, sábado o domingo?

Para de hacerte el gringo

que tú no eres ni vikingo

A nosotras no nos va a coger de mingo.

TINA:

Tranquila, Lola.

LOLA:

Tranquila, Lola, mis bolas

Que ya estoy que no distingo

a este un poquito más y lo *resipingo*.

MALANGA:

El concierto será el domingo.

LOLA:

Arriba, Tina, dame el timón del fotingo

Ensayaremos en casa

Que se sabe que no hay masa

en las patas de un *flamingo*

Voy a coger la I-95, voy que *resingo*.

Transición musical.

Sonido de accidente automovilístico.

Fin del primer acto.

SEGUNDO ACTO

La barra del gogó.

Malanga y Tina.

MALANGA:

Así que Lola está inconsciente.

TINA:

(Cantando).

Está dormida, pero estable

Soy yo quien ha sufrido una pérdida irreparable.

(Hablando.)

Lola y yo estamos bien, pero el coreano…

MALANGA:

(Cantando.)

¿Alguien más con ustedes hizo la ruta?

(Hablando).

¿Quién es ese hijo de puta?

TINA:

(Cantando.)

Mi Santa Fe, doce años juntos.

(Hablando).

Yo lo lavaba todos los domingos.

MALANGA:

(Cantando.)

¡Qué *sapingo*!

(Hablando).

¿Vivían en la misma casa?

TINA:

(Hablando).

Él dormía en el *efficency* para que el sol no le dañara la pintura.

MALANGA:

(Cantando.)

¿Se pintaba el hijo de puta?

(Hablando).

¿Y era tu marido?

TINA:

(Hablando).

Ay, Malanga, no te hagas, que tú sabes que en Miami la mitad de los maridos se pintan.

MALANGA:

Sí, pero además de pintarse, no van a dormir en el *efficency*.

TINA:

Era mi Hyundai Santa Fe, que ha sido pérdida total.

MALANGA:

La que no puede ser pérdida total es Lola, esa tiene que conservar su santa fe en el concierto del domingo.

TINA:

Ella no ha venido en sí.

MALANGA:

En cuanto se venga me lo dices.

TINA:

(Cantando).

¿Y si no da el sí?

MALANGA:

Bueno, no tiene que dar el sí clarito, con un la sostenido también nos conformamos.

TINA:

¿Y si no viene en sí?

MALANGA:

Que se venga en no, pero el concierto no puede suspenderse.

TINA:

Mi pobre chinito.

MALANGA:

(Cantando).

¿No era coreano?

TINA:

(Cantando).

Yo no distingo entre los japoneses, los chinos y los camboyanos.

(Hablando.)

Para mi todos son chiquitos y poco gastadores.

(Cantando.)

Casi, casi tacaños.

MALANGA:

(Cantando).

Son famosos por lampiños y por su tamaño.

Transición musical.

Entra tema "La talla no cuenta", dúo entre Tina y Malanga.

TINA:

Tú piensas que el tamaño es lo que cuenta

Y por eso te inyectas silicona

¿Tú has visto ya en tu vida a una cabeza

quedarle grande a una corona?

MALANGA:

Tú tienes miedo de ya no gustar

Miedo de quedarte solterona

De que ya no te crean un manjar

La potra, la mejor, la *caballona*.

TINA:

Si tú me das amor cuando me madrugas

Amor será lo que recogerás.

MALANGA:

Si tú me escondes lo que se te arruga

Más tarde o más temprano se verá.

TINA:

Dame lo que tengas sin maniobra

Que el que da lo que tiene

Da más que el que da lo le sobra.

MALANGA:

No apagues la luz cuando te entregues

Que las huellas del tiempo

Es lo que define a las mujeres.

TINA:

La talla no cuenta, la talla no cuenta

Pero no te vayas a pasar de chiquitico

Al punto de que no la sienta.

MALANGA:

La talla no cuenta, la talla no cuenta

Pero no te vayas a pasar de flaca

Y me pinche tu osamenta.

TINA:

La talla no cuenta, la talla no cuenta

Pero no te vayas a pasar de largo, aguanta

Que me pinchas la garganta.

MALANGA:

La talla no cuenta, la talla no cuenta

Pero no te vayas a pasar de gorda, espera

Que me aplastas la huevera.

Transición musical.

Lola, desde su cama de hospital, en su delirio.

LOLA:

Yo no voy a hacer nada a contra corazón

Tocar en cuchitriles el mismo repertorio

Aceptar cuatro kilos por romperme la voz

Como si me pusieran un supositorio

No necesito a nadie que me diga si sirvió

Al carajo abogados, productores, financistas

El talento necesita de expresión

Y no de la impresión de un inversionista

Revísate el cuaderno de tu pretensión

Artista, cierra tu revista

cógete en serio, levanta la vista, tú no eres taxista

comprende que votaste por el más grande ladrón

ese no es héroe, ni iluminado, ni periodista

tampoco es minoría, tampoco es maricón

ni negociante, ni armamentista, ni novelista

Ese es de los que cuando no saben te cambian la conversación

ese es solo un figurante con ansias de protagonista

ese es un fascista, o lo que es lo mismo un comunista

Su mujer en mi orquesta no fuera ni corista

Aunque tiene cara de soplarle bien al saxofón

Esa no es músico, no es ni copista

Oye bien lo que es soplar un saxofón

(Solo de saxofón).

Aquel me anestesió, me reventó

Ese no es músico, no es pianista

Pianista soy yo.

(Toca el piano).

Aquel lo que da es peste

no es músico ni percusionista

Percusionista este.

(Solo de percusión).

Aquel es un colmillo'e jabalí

no es músico ni trombonista

Trombonista es aquel que está allí.

Solo de trombón.

Transición musical.

Aparece la Enfermera.

Escena cantada.

     ENFERMERA:

¡Pero si ya Lola está despierta!

Y cantando como una diva.

     LOLA:

¿Y de dónde salió esta

con su aire de confianza y su mirada compasiva?

     ENFERMERA:

Soy la jefe de enfermeras

De la Sala de Terapias Intensivas.

LOLA:

¿Me van a inyectar?

ENFERMERA:

Ya lo hicimos y no salió tan mal.

LOLA:

¿Y puede decirme cuál es mi cuadro clínico?

ENFERMERA:

Trauma en el occipital, mareos, retención de líquido.

LOLA:

Me siento débil de mi estado anímico.

ENFERMERA:

Nada que no pueda curar un complejo vitamínico.

¿Y cómo va ese concierto?

Te has pasado toda la noche

Del platillo al instrumento,

tocando piano como si hablaras con los muertos.

LOLA:

¿Usted me oyó?

ENFERMERA:

Era como soñar despierto.

LOLA:

¿Y era en un gogó?

¿O de verdad era un concierto?

ENFERMERA:

La gente se contaba por cientos.

LOLA:

¿Dónde era ese lugar?

ENFERMERA:

En uno donde vas a actuar.

Mucho más rápido que lento

Más temprano que tarde

Porque Lola, está llegando tu momento.

LOLA:

Que Dios te guarde

Que Dios te escuche.

ENFERMERA:

Dios te ha mandado un regalo

Y yo soy el estuche.

LOLA:

Por mucho que luche

Siempre encuentro una jevita que me vacile el buche

que entre en el babeo y en el *rascabuche*

Voy a tener que parar de huirle al peluche

Pues mientras más me desconecto

Más grande es el *desenchuche*.

ENFERMERA:

El regalo es que mi primo tiene un vecino

Que está divino.

LOLA:

¿Entonces a ti te gusta el órgano masculino?

¿O me estás proponiendo un remolino, un torbellino

entre tú y yo, el primo y el inquilino?

ENFERMERA:

Lola, atiende que aquí puede estar tu destino.

LOLA:

O mi desatino.

ENFERMERA:

Aquí solo sale adelante el que tiene un buen contacto o un buen padrino.

LOLA:

¿Y tú vecino…

ENFERMERA

Conoce al Manager de *Entertainment* del Casino.

LOLA:

No sé qué es eso, pero suena superfino.

ENFERMERA:

Ese es el tipo que te puede liberar de tu *osorbo*, de tu atraso clandestino

Programándote un concierto como si tú fueras Julio Iglesias, Tito el Bambino.

LOLA:

No me hables de *osorbo* que yo vine con *iré*

A mí me pone Yemayá las piedras de mi camino

Pero el tipo que tú dices es como Dios, ¿es argentino?

ENFERMERA:

El que es argentino es el Papa.

LOLA:

Pues a ponerse una flor en la solapa

Y a ver al tipo.

ENFERMERA:

Yo al lado tuyo estaré

Como una lapa.

LOLA:

¿Para qué?

ENFERMERA:

Guapa, yo siempre he querido estar delante

cirquera, mimo, comediante, actriz.

LOLA:

O sea, que tienes el moco en la nariz de ser cantante.

ENFERMERA:

Mi voz es altisonante

canto más feo que un viejo gritando por un alto parlante

pero tengo los *conectos*

para que en Miami tú puedas proyectarte

Eso sí, no me puedes dejar atrás

Si el tipo se manda con un contrato importante

haremos un dúo: "Las Cortantes".

LOLA:

Amiga, en caso de que hubiera algún acuerdo con ese tío

Esto no sería un dúo, si no un trío

Porque mi hermana Tina canta al lado mío.

ENFERMERA:

Si me propones un trío, por mí no hay lío

Yo lo mismo cojo con la boca llena

que raspo al vacío

Lo mismo me da el desierto que un gentío

Yo lo que quiero es enfrentar el desafío.

LOLA:

Pues no te estés haciendo cráneo con el fondillo mío

Olvídate de la última inyección

Y vamo'a ver al hombre del poderío

Que llevo unas semanas en Miami

Y ya estoy harta de los machos cabríos.

ENFERMERA:

Arriba, que para luego será un acto tardío.

Transición musical.

Malanga y Tina en el gogó.

Escena cantada.

MALANGA:

Creo que las condiciones están dadas

Para que tu amiga Lola sea remplazada.

TINA:

Tu forma de pensar es como tus manos

Siempre están en la nalga equivocada.

MALANGA:

No es una traición, no es una puñalada

Lo mío son pensamientos sanos

Si la Lola no puede cantar ni tocar

Es normal que la sustituyamos

Hay un billete brutal que ganar

Una inversión que rentabilizar

Pensemos como los americanos.

TINA:

He llamado al hospital

Y no supieron hablarme en castellano.

MALANGA:

¿Tina, tú no hablas inglés?

¿Tú no pones el *spanglish* como es?

TINA:

Pero lo entiendo todo

con tal de que no me hablen de revés

como el acento de un socio camerunés o de Togo.

MALANGA:

Márcame el número y así pregunto de una vez.

Tina marca el número del hospital y le pasa el celular a Malanga.

Malanga finge hablar con el hospital, empleando letras de canciones conocidas.

MALANGA:

Hello, is it me you're looking for?

Me and Benjamín Franco stay at the banco

No te hagas la loca conmigo, que te la arranco.

TINA:

Malanga, mejora tu lenguaje

Ya empezaste otra vez con el aguaje.

MALANGA:

¿Havana?, ooh na-na

　Half of my heart is in Havana, ooh na-na (ayy, ayy)

　　He took me back to East Atlanta, na-na-na (uh huh).

TINA:

¿Qué dice de La Habana?

¿Pa'dónde se fue mi hermana?

MALANGA:

Oh, but my heart is in Havana (ayy)

　My heart is in Havana (ayy)

　　Havana, ooh na-na.

TINA:

Niño, habla claro, habla alto

Que me tienes al borde del infarto.

MALANGA:

(A Tina, como si le dijera "Cálmate").

Don´t believe me just watch.

TINA:

¿Pero qué es lo que pasa, coño?

Dímelo rápido o te cojo por el moño.

MALANGA:

(Al teléfono, como si estuviera muy alterado).

Back it on me

Shawty cravin' on me, get to eatin' on me (on me)

She waited on me (then what?)

Shawty cakin' on me, got the bacon on me (wait up)

This is history in the makin', on me (on me)

Point blank, close range, that B

If it cost a million, that's me (that's me)

I was gettin' mula, baby.

(A Tina.) No hay nada que hacer, Lola se va pa' Cuba.

TINA:

No puede ser, dame un trago de ginebra

Antes de que la presión me suba.

Transición musical.

Lola y la Enfermara entrando en un lujoso casino.
Escena cantada.

LOLA:

Amiga, ¡qué lugar más lindo!

¡Cuánto lujo!

ENFERMERA:

La primera vez que me vio

El manager de aquí suspiró

bajo el efecto de mi embrujo.

¿Y sabes lo que me susurró al oído, el muy cartujo?

LOLA:

"Mami, si te agachas te la empujo".

ENFERMERA:

Por favor, que era un hombre de clase.

LOLA:

Entonces sacó su bolsita y te propuso un pase.

ENFERMERA:

¡Por favor!

LOLA:

Tranquila, enfermera, que ya yo sé que en Miami

Esto es pelo suelto y carretera.

ENFERMERA:

No todas somos unas cualquiera.

LOLA:

Depende de si estás vestida

Depende de si estás *encuera*.

ENFERMERA:

Yo no sé por qué lugares anduviste

Pero te aseguro que en Miami

no todas las mujeres somos unas chancleteras.

LOLA:

Entonces vamos hasta afuera

Vamos a ver a este señor

A ver cuál es la potencia de su entendedera

El *power* de su cartera.

ENFERMERA:

Ya estás pronunciando palabritas en inglés.

LOLA:

También sé decir cock, pussy, shit, bitch.

Esa la aprendí en La Habana con una socia jinetera.

ENFERMERA:

Aquí yo aprendí la palabra "Sal pa' fuera".

LOLA:

¿Y tú no eres de aquí?

ENFERMERA:

Nací en Caimanera.

Pero me trajeron pa´la Yuma

Cuando en el ochenta gritaban Pin Pon Fuera.

LOLA:

¡Pin Pon fuera!

ENFERMERA:

Ahora los del huevo somos los de afuera.

LOLA:

¡Pin Pon Fuera!

ENFERMERA:

Tú pasando hambre y yo en la gozadera.

LOLA:

¡Pin Pon Fuera!

ENFERMERA:

Tú eres de las milicias, yo soy de la gusanera.

LOLA:

¡Pin Pon Fuera!

ENFERMERA:

Tantos huevos que tiraste y ahora estás loco

por venirte pa´la Sagüesera.

Se oyen unas palmadas.

Entra Mr Nelson, el manager del casino, aplaudiendo.

Transición musical.

MR NELSON:

Yo que necesito afluencia de gente

Me encuentro con ustedes de repente

Alzo la frente y veo a dos divas

Poniéndome bueno el ambiente

Aquí bailará hasta el gato

Qué arrebato.

ENFERMERA:

Embúllate y haznos un contrato.

LOLA:

Usted pone la firma, yo los pongo a bailar sin recato

Le multiplicamos el *party*, rompemos el campeonato.

ENFERMERA:

Embúllate y haznos el contrato.

LOLA:

Lo mismo te la avivo, lo mismo te la mato.

MR NELSON:

¿Y ustedes están disponibles a partir de cuándo?

LOLA:

¿Señor, está bromeando?

Estamos disponibles de inmediato.

ENFERMERA:

Un show como le gusta a Miami

Bueno, bonito y barato.

MR NELSON:

Y quiero que me firmen, *you can deal*.

LOLA:

¿Qué fue lo que dijo del candil?

ENFERMERA:

Yo quiero que me firmes ese trato.

LOLA:

Para evitar asesinatos

Aquí voy a ser yo la que firme ese contrato.

MR NELSON:

¿Y tienes una cláusula específica

una exigencia, alguna espina?

LOLA:

En primera, este show se hace con muchas bailarinas.

MR NELSON:

Me cuadra que haya movimiento

Que les prendan candela a las cortinas.

LOLA:

¿Y cómo es que usted paga

en peso cubano o en libras esterlinas?

MR NELSON:

Yo pago en dólares americanos y pongo la propina.

ENFERMERA:

Y en el camerino pon mucha bebida.

MR NELSON:

Y también les llevo algo de la cocina.

Transición musical, ambiente nostálgico.

LOLA:

Y lo más importante,

esta orquesta tiene que tener su heroína.

MR NELSON:

Aquí evitamos las sustancias radioactivas

Ni LSD, ni *exctasy*, ni cocaína.

(Enseñándole sus músculos a Lola).

Mucho deporte, mucha vitamina.

ENFERMERA:

(Tocándole los músculos).

¿Y a ese Porsche tú le echas qué tipo de gasolina?

MR NELSON:

(Incómodo con las insinuaciones de la Enfermera).

Mi reina, esto es dieta marina

Desde el pulpo y los ostiones

Hasta tiburón y sardina.

LOLA:

Esta orquesta debe tener su vitrina

La diva de la voz angelina

Y la silueta felina

La estrella, la golondrina

De esta orquesta es mi hermana Tina.

Transición musical.

Aparece Tina, vestida de diva.

Canta el tema "Diva".

Transición musical.

TINA:

Una cantante es su voz y una desconocida

Que cuando llega al camerino se saluda

Dándose la despedida

Cuando está listo el maquillaje

Cuando el vestuario ajusta

Una se confunde con el personaje

La luz asusta, pero la voz es su lenguaje

No tiemblan los registros, y al público le gusta

Nadie sabe lo que será de esta mujer

Después que cae el telón

Adónde irá a comer

¿Con quién hará el amor?

¿Cuáles serán sus frustraciones, sus diatribas?

El miedo a la caída, la degeneración

¿A quién le importan los miedos de una diva?

Aprieta tus dos manos y aplaude esta canción

No mires si me salta una saliva

Es que hay una mujer en plena ebullición

Una artista entre la duda y la pasión

Detrás de los atuendos de una diva.

Desaparece Tina.

Transición musical.

MR NELSON:

¿Y esa diva ahora mismo dónde está?

¿Porqué no está cantando con ustedes?

LOLA:

Tina está enredada en ciertas redes.

ENFERMERA:

¿Sociales?

LOLA:

En el Parque de las Chismosas

Tú limpias los carruseles

Tina es una chica calma, sin violencia en sus papeles.

ENFERMERA:

¡Ay, no es como yo!

Me gusta que me tiren contra las paredes.

LOLA:

No es eso lo que sucede

Ella está luchando contra la atracción sexual

Que su amante le concede

Le provoca.

ENFERMERA:

Así mismito soy yo

Soy un pez que muere por la boca.

MR NELSON:

Bueno, ya les dije que está prohibido el consumo de coca

Aparte de eso, ¿ponemos nuestro acuerdo en unas líneas pocas?

ENFERMERA:

¡Sí!

LOLA:

¡Esta está loca!

ENFERMERA:

Estoy excitada como una oca.

LOLA:

Como una foca.

(A Mr Nelson).

Póngamelo por escrito, con tinta china

Y yo le llevaré el contrato a la Tina.

Transición musical.

Malanga y Lola en el gogó.

MALANGA:

Hola, Lola, bienvenida a mi gogó

"El matadero del himen"

La asesina siempre regresa a la escena del crimen.

LOLA:

Hay tipos que cuando se me pegan

temo que me lastimen

¿Dónde está Tina?

Necesito con ella hablar.

MALANGA:

¿No estabas con ella en el hospital?

LOLA:

Vienen dos mentiras juntas

Cuando un chulo te responde con una pregunta.

MALANGA:

¿Quién te dijo que soy chulo?

No tengo la culpa de que las mujeres paguen por darme el culo.

LOLA:

¿Y que los hombres te cobren por…

MALANGA:

Cuidado con tus palabras que pueden dañarte duro.

LOLA:

Necesito ver a Tina, sácame del apuro.

MALANGA:

(Insinuándosele.)

¿Me lo estás pidiendo de favor?

LOLA:

Si yo fuera tu mujer, en el desayuno te daría cianuro.

MALANGA:

Y si yo fuera tu hombre me lo tomaría, te lo juro.

LOLA:

Échate para allá.

MALANGA:

Lola, ¿cuánto hace que no chocas con la verdad?

Con la dura realidad

De escoger entre dos mitades

De la mitad pa'lante

O de la mitad pa' atrás.

LOLA:

Malanga, si tú fueras el último hombre de la tierra...

MALANGA:

Templarías conmigo como una perra.

LOLA:

No quieras tener conmigo una guerra.

MALANGA:

(Abrazándola a la fuerza).

Te daría serrucho y destornillador,

te pasaría por la piedra

Te diría: "Lola abre".

LOLA:

Y yo sacando mi sable

te contestaría "Cierra".

Malanga le roba un beso.

Entra Tina y los ve abrazados.

TINA:

¿Los interrumpo, muchachos?

MALANGA:

¡Suéltame, Lola! No jodas

No intentes ponerme la mala con Tina

Estos juegos la incomodan.

LOLA:

Eres un hijo de puta, cagarruta

Tu madre debió morirse al pujarte

mierda disoluta

A ti no se te mata, se te amputa

Se te eloctrocuta

Porque eres más malo que la gonorrea del recluta.

TINA:

Tranquila, hermana

Ya supe que te vas para La Habana.

(Señalándole a Malanga).

Viniste a recoger las sobras de la mañana

¿O será que Hialeah te transformó

en una rata humana?

¿En una rana, que nada por abajo del agua

Y salta por la sabana

Que se come los mosquitos, los gusanos

Porque es socia de las serpientes

Y nieta de las iguanas

Yo a este me lo pongo de jeringa

Este es mi pana

A veces me mete la pinga

A veces me da cocaína, marihuana

Pero tú, la puritana

La que me preguntó si soy lesbiana

Como si acostarse con una mujer fuera más malo

Que acostarse con el punto de la hermana.

LOLA:

Tina, estás equivocada.

TINA:

Te veo bien, te veo en talla.

¿Regresas a la guardarraya, por las medallas?

¿Aquí todo es pantalla, *foul* a la malla?

¿Los tipos son unos fulas y las jevitas metralla?

LOLA:

¡Tina, calla!

TINA:

Callo, y no te miro ni de reojo

Porque he criado una cuerva

Y me ha sacado los ojos.

MALANGA:

Creo que tengo por aquí un par de anteojos.

LOLA:

Tina, soy tu hermana

Yo no te haría esta jarana

Este tipo se me tiró arriba

Sabía que tú vendrías y nos verías.

MALANGA:

Templando en la palangana.

TINA:

Tranquila, Lola.

LOLA:

(Mirando a Malanga).

Tranquila, Tina.

Sale Lola.

Transición musical.

Mr Nelson y la Enfermera en la oficina de Mr Nelson en el Casino.

Escena hablada.

ENFERMERA:

¿Y por haberte traído el show no me vas a dar mi comisión?

MR NELSON:

Por supuesto, ¿quieres un cheque, cash?

ENFERMERA:

(Viniendo sensual sobre él).

Quiero cachondeo, que me caches los cachetes, y me des un cacho de tu cocha hasta que te la ponga rocha como kétchup.

MR NELSON:

Pero yo no contaba pagarte así.

ENFERMERA:

No contabas, pero ahora vas a contar. *(Se baja la blusa.)* Uno, dos, tres… Quiero que me cuentes los lunares que tengo en los pechos.

MR NELSON:

(Primero muy sorprendido y después contando sin ganas.) …treinta y cuatro… treinta y cinco…

ENFERMERA:

A bechos.

Mr Nelson se niega a besarle los lunares.

Entra Lola.

Escena cantada.

LOLA:

Perdonen que entre sin tocar la puerta,

estaba abierta.

ENFERMERA:

Ha sido mi descuido

pero pudiste entrar sin hacer ruido.

MR NELSON:

La señorita Lola es muy bien educada

Oportuna y cultivada.

(Separa a la enfermera con firme delicadeza.)

Estuve viendo lo que hay de usted en Internet

Es una gran artista... y un portento de mujer.

ENFERMERA:

(En aparté.) Este se la quiere coger.

LOLA:

(Distante).

Muchas gracias, honor que me hace.

(Súbitamente curiosa).

¿Y usted pinchó en cuál de los enlaces?

ENFERMERA:

¡Y esta cómo se hace!

Qué paripé

Y en los ojos se le ve

Que quiere que el hombre se la pase

Que la desguace.

MR NELSON:

Vi un concierto suyo

En Palma de Mallorca.

ENFERMERA:

Con los ojos parece que la ahorca

Este ya tiene parado el *tallullo*.

LOLA:

¿Usted vio el del estadio

o el de la discoteca?

ENFERMERA:

Esta cuando llegó estaba pudorosa

Incluso la traía seca

Pero ahora la tiene caliente como manteca

Húmeda como babosa.

LOLA:

(Que estaba oyendo a la enfermera desde el principio).

¡Ay, niña, no seas envidiosa!

No hemos hecho el primer ensayo

Y ya estás con esa mecánica celosa

Creo que estás falta de tallo.

MR NELSON:

(Que también la estaba oyendo desde el principio).

De tallo, de flores y de mariposas

Necesita avispas que se le posen en la rosa

Y le chupen desde el pétalo hasta la jugosa…

ENFERMERA:

Las que chupan así son las abejas.

LOLA:

Pues necesitas un panal que te pique hasta en las orejas

Un enjambre que te quite esa hambre vieja

Que te depile la oveja, la coneja

Que te desenrede la madeja

Y cuando puedas, sácate las cejas

A ver si se te quita esa cara de pendeja

Y conmigo tú no tocas, cangreja

Moraleja: Regrésate al hospital

Y sigue operando mollejas.

La enfermera hace mutis por el foro, enfadadísima.

Transición musical.

Escena hablada.

MR NELSON:

¿Y ahora con quién piensas tocar? ¿Quieres que haga un llamado a casting para encuentres los músicos de tu show?

LOLA:

Mi show tiene su música y su elenco.

MR NELSON:

(Con ternura).

Me encantaría... ayudarte.

LOLA:

A mí también.

MR NELSON:

¿Qué te gustaría?

LOLA:

Que lo hicieras.

MR NELSON:

¿Qué te hiciera qué?

LOLA:

Que me ayudaras.

Transición musical.

Lola saca su celular y le pasa un mensaje a Tina.

En la pantalla de fondo aparece el mensaje, que es la letra del tema que Lola interpretará.

En una parte del escenario aparecen Tina y Malanga haciendo el amor.

Malanga ve el mensaje, pero Tina no.

LOLA:

Amiga, cómo da vueltas la bola

Cómo gira el trompo

Cómo muele la batidora

Cómo se compone lo que descompongo.

Una amistad es una constante vigilia

No se calcula por las veces que te pones brava

Sino por las que te reconcilias.

A mí no me importa con quién tú estés

Si te gusta el salchichón, la carne'e res

la tortilla o la zoofilia.

Yo lo que quiero es que tú sepas que estoy bien

y te deseo lo mejor en esta vida.

Que nunca fui mejor que cuando estuvimos juntas

Luchando por aquello que nos dio la letra de los orishas

Yo siempre voy a estar tu costado

Aunque me vires la cara, aunque me des de lado

Porque tú y yo siempre fuimos hermanas

Jugando allí en el vecindario

Yo con mis novios gagos y tartamudos

Y tú con tus *jevos* estrafalarios

Tú y yo siempre fuimos la espada y el escudo

Y lo seremos hasta que llegue el primer carro funerario

Solo te pido una cosa

No me niegues el saludo

En lo que pueda yo te ayudo

Porque para mí tú siempre serás una diosa.

Transición musical.

Malanga para de hacer el amor con Tina abruptamente.

TINA:

Te dije que no puedes más que yo

Te dije que pa' mi te falta diente.

MALANGA:

Mamita no te estoy diciendo no

Es que de pronto me ha cogido la dos veinte.

TINA:

¿Me estás diciendo que mi bollo te quemó

porque de pronto te transmite la corriente?

MALANGA:

Te digo que paremos de hacer esto que se parece al amor

Que hay un amor más puro que te llama de repente

Yo perdí a mi yunta, a mi hermano, a mi consorte

Y ahora estoy solo, y aunque tengo pasaporte

Carro del año, *coba* buena, prendas empeñadas

Nada me remplaza a mi mejor amigo, nada

Para eso yo no vine al Norte

Yo no puedo hacerte esta trastada.

                TINA:

¿De qué tú estás hablando, Malanga

Tumba la muela

Echa pa´cá tu fritanga

Que te voy a volver a dar espuela.

              MALANGA:

Tú no me vuelves a tocar las nalgas

Con esas uñas de pantera.

                TINA:

¿Cuál es el amor que me llama de repente?

¿El de tu difunto amigo?

¿Quieres hacer un tridente

con tu socio muerto, contigo y conmigo?

              MALANGA:

Primera vez que me siento más malo

que el más malo de mis enemigos.

                TINA:

Primera vez que me tiemplo un occiso

Un cadáver, un fallecido

Eso me está dando cosquillita en el ombligo.

MALANGA

Esa es la marihuana.

TINA:

Es el batido de trigo

Y el movimiento de la *templeta* que tenía contigo.

MALANGA:

Óyeme lo que te voy a decir

Tiene el leopardo un abrigo

Cuando tiene de faquir

A un verdadero amigo.

TINA:

Malanga

abrevia el intervalo

Derrite la melcocha

Para de darme brocha

Y acaba de empezar el palo.

MALANGA:

La Lola te lleva en su corazón

Esta no es jugada de escorpión.

TINA:

Si me vas a hablar de Lola

Mejor me la termino sola.

MALANGA:

No pierdas a tu amiga, que te quiere y que te admira

No te dejes engañar por mis mentiras

La tranca se encoge, la tranca se estira

Pero nunca se mueve el corazón de una amiga

Yo me hice el que le estaba dando para despertar tu ira

Los celos, la sensación de traición

de que tu hermana se te vira

en contra de la pila

de cosas que las unen en la vida

Pero solo era un recurso de prisión

Un *chacalismo*

Una acción, una mala intención.

TINA:

Una traición

Malanga necesitas hospital y medicina.

MALANGA:

Una pistola, una soga o un paquete de estricnina

Acabo de ver en tu celular su mensaje

Que me hizo llorar, por cierto

Te mandó la hora y el lugar de su concierto

Ya todo está en las redes.

TINA:

Ese será su acierto

Su concierto.

MALANGA:

Lo anunció como el de ustedes.

Aparece en la pantalla de fondo el afiche promocional del concierto.

TINA:

Que lo goce, que se dé tremendo pegue

En la Radio, en la Tele

Yo me quedo con el concierto en tu gogó

Porque sé que le invertiste un buen billete.

MALANGA:

Eso también es mentira

Tampoco he vendido cocaína.

Ni le he puesto el culo a un Ferrari en mi vida.

TINA:

¿Eso también es brete?

Malanga, pero lo único real que tú tienes es el tolete.

MALANGA:

Pero no niegues que con él te das tremendo banquete

Te enseñé la tabla del siete

Y siempre termino diciéndote la verdad

Aunque me des machete.

TINA:

Malanga, yo no te puedo ni odiar

Eres un diablo con instinto de caballero

De ti no me voy a enamorar

Multiplícate por cero.

Transición musical.

Lola en su concierto.

LOLA:

Que nadie te quite lo baila'o

Que nadie te lleve la experiencia

Que nadie se te bote de ricote y de sala'o

Que nadie te ponga'e penitencia

Lola detiene la orquesta.

Le habla al público.

LOLA:

Muchas gracias por haber venido esta noche, mi gente. Ustedes han demostrado que en Miami el público sí apoya a sus artistas, cuando los artistas se dan los medios de conquistarlo. Yo no hubiera querido hacer este concierto sola, en el afiche aparezco con otra persona, que es mi hermana desde que estábamos en prescolar, que entramos juntas a la escuela de música cuando teníamos siete años, que crecimos tocando tumbados y poniendo acordes disonantes, y que hoy, por esas cosas inexplicables de la vida…

La emoción le corta la voz.

Súbitamente se va la luz.

Se oyen unas claves cubanas.

TINA:

Lola, aquí no hay luz

¿Aquí no hay gente?

¿Emborrachaste el avestruz con aguardiente?

LOLA:

Tina, tumba la poesía

Asume tu personaje, estás en Hialeah, lo que vale es el voltaje.

Las dos amigas se abrazan en el centro de la escena.

Transición musical.

Continúa tema: "Que nadie te quite lo baila'o".

TINA Y LOLA:

Que nadie te quite lo baila'o

Que nadie te lleve la experiencia

Que nadie se te bote de ricote y de sala'o

Que nadie te ponga'e penitencia

TINA:

Que nadie se te venda como la única salida

Ni como el mejor prospecto

Que aquí todo el mundo es remplazable

Todo es biodegradable

A todo se le halla repuesto

Nadie es tu vida

Nadie es perfecto

Ni la última Coca Cola del desierto

TINA Y LOLA:

Que nadie te quite lo baila'o

Que nadie te lleve la experiencia

Que nadie se te bote de ricote y de sala'o

Que nadie te ponga'e penitencia.

LOLA:

Que nadie te diga que lo de él es mejor

Que nadie ponga a Dios como testigo de su esencia

Que nadie te acuse de lo que perdió

Que nadie te dé votos de inocencia

Nadie tiene derecho a amenazarte

Si acaso a hacerte una advertencia

Arte soy entre las Artes

Son muchas horas de vuelo sin licencia.

           TINA Y LOLA:

Que nadie te quite lo baila'o

Que nadie te lleve la experiencia

Que nadie se te bote de ricote y de sala'o

Que nadie te ponga'e penitencia.

Entra la Enfermera.

           ENFERMERA:

Oye, que nadie te haga el servicio

Para que nadie te traiga la cuenta

No creas en sacrificios

No creas en el jefe y mucho menos en su asistenta

No creas en Aladino, no creas en Cenicienta

Ni en la labia del inquilino

que te limpie el camino

y te pague la renta.

TINA Y LOLA:

Que nadie te quite lo baila'o

Que nadie te lleve la experiencia

Que nadie se te bote de ricote y de sala'o

Que nadie te ponga'e penitencia.

Entra Mr Nelson.

MR NELSON:

(A Lola).

Mi amor, mi arrebato

Quiero ser de tu canción el estribillo

Tu perro, tu gato

El marco de tu retrato

El zapato que protege tu tobillo

Quiero que seas la reina en mi castillo

Yo quiero que tú aceptes mi contrato

Yo quiero que tú aceptes este anillo.

Lola, sorprendida y honorada, acepta el anillo y besa a Mr Nelson.

LOLA:

Abrí los ojos y cerré el temor

Confié en mi estrella favorita

Me di mi lugar y mi valor

Porque es conmigo con quien tenía cita

Se acabaron los insomnios en las noches frías

Ahora tengo quien me diga Mami

Ahora les doy las gracias a Miami

Ahora te lo agradezco, Hialeah.

TINA Y LOLA:

Que nadie te quite lo baila'o

Que nadie te lleve la experiencia

Que nadie se te bote de ricote y de sala'o

Que nadie te ponga'e penitencia.

Entra Malanga.

MALANGA:

Así querían terminar el *party*

Pasando por alto al que mejor lo tranca

Al que mejor lo cierra, al que mejor la manda

Al gran Malanga

Ustedes me conocen

Ustedes saben que cuando la pincho se manda

Lo mío no es joda, lo mío no es pastelillo

Yo también quiero mi boda, por eso también traje mi anillo.

Tina se lo acepta.

Se besan.

TODOS:

Que nadie te quite lo baila'o

Que nadie te lleve la experiencia

Que nadie se te bote de ricote y de sala'o

Que nadie te ponga'e penitencia.

Todos cantan y bailan hasta el apagón final.

Miami, Florida, EE.UU, 9 de agosto 2018.

www.ingramcontent.com/pod-product-compliance
Lightning Source LLC
Chambersburg PA
CDIIW020437220526
45464CB00002B/748